Toulouse ville rose

Texte

Sandrine Banessy

Photographies

Jean-Jacques Germain

tme

rue Max Planck BP 728
31683 *LABÈGE* CEDEX
Tél.: 05 62 88 36 79
tme.editions@wanadoo.fr

Maquette
Jean-Luc Servant

Traduction
Tony Hill Smith
Gerald Traynor

Iconographie
© *Jean-Jacques Germain/éditions tme*
à l'exception de
P 37 © Archives municipales de Toulouse
P 51 Gravure © Musée Paul-Dupuy
p 65 © Joachim Hocine, 2010.
P 68 Venus et Cupidon de Lucas Cranagh © Fondation Bemberg
P 69 © O. Minh
P 90 © STC Ville de Toulouse
P 93 Cassoulet © Jardins de l'Opéra

Photogravure
TME

Avec l'aimable concours
de Chantal de Koultacheff,
Sylvie et Antoine Blanc.

ISBN: 2-915188-02-5

Achevé d'imprimer en novembre 2014
Communauté européenne

Cinquième édition revue et mise à jour.
Dépôt légal: DLE-20070104-426
La première édition de cet ouvrage a été publiée
par les Éditions TME en 1999.

Sommaire		Summary

Préface

Toulouse est si délicieusement capitale, maintes fois décrite avec talent par des auteurs, historiens et artistes, de toutes ces évocations nous avons retenu qu'elle est *résolument heureuse*.
Au travers de ces images, témoignages de son riche passé ou reflets de son présent chargé de promesses, nous souhaitons vous en faire partager le charme indéfinissable et les multiples atouts qui nous la font aimer, Ville Rose à nulle autre pareille.

Toulouse assumes its role as a major regional capital with natural and appealing simplicity. It has inspired so many writers, historians and artists to describe it, but perhaps the finest tribute they make to the city is in conveying to us the propensity for happiness you will find there. Through these images that conjure up its rich past or show its present-day and the promises for the future it contains, we want to share something of this great city's charm and the many reasons we have for loving it, the Ville Rose, unlike any other.

Toulouse romaine

Pour protéger ses terres, d'Arles à la Catalogne, Rome conquit Toulouse et installa ses légions sur les marches de ce qui devint la province narbonnaise. Prospère capitale, *Tolosa Palladia* possède alors une école de rhétorique réputée et apprend le droit romain. Elle érige de nombreux monuments, temples, théâtres, aqueducs et thermes. Perpétuellement réédifiée sur ses ruines, la cité présente aujourd'hui bien peu de vestiges des trois siècles de la *Pax Romana*. Les Toulousains apprirent à cette époque la fabrication de la tuile et surtout de la brique, matériau remplaçant habilement la pierre, si peu présente dans la région. Et de nos jours, dans toute la ville, nombreux sont les monuments et façades auxquels cette brique confère une couleur sans pareille, changeante au gré des heures et des saisons, donnant à Toulouse son surnom de « Ville rose ».

A crossroads for trade, from the British Isles to the Mediterranean, Roman Toulouse, or Tolosa, boasted many monuments, temples, theatres and baths. Some of them are still standing today, like the Purpan Arena and the remains of the ancient ramparts.
The finest heritage of this era is to be found in the Gallo-Roman sculptures and other works of art in the St Raymond Museum.
Toulouse owes its nickname—Ville Rose, (rose-red city)—to the Romans. During the 300 years of the Pax Romana, the inhabitants mastered the techniques for turning the local red clay into roof-tiles and bricks.

Des arènes de Toulouse, aussi grandes que celles de Nîmes ou d'Arles, il ne reste que les vestiges de l'**amphitéâtre romain**.

*The **Toulouse Roman amphitheatre** was as big as those in Nîmes and Arles, but today only the ruins remain.*

Musée des antiques de Toulouse, le **musée Saint-Raymond** porte le nom de l'ancien collège universitaire où il est installé. Proche de la basilique Saint-Sernin, ce chef-d'œuvre de l'architecture de la Renaissance, récemment rénové, accueille une des plus riches collections d'antiquités grecques et romaines, provenant de sites archéologiques régionaux. On peut y admirer notamment une collection exceptionnelle de sculptures dont une superbe galerie de bustes d'empereurs romains.

Museum of Toulouse antiquities and a masterpiece of Middle-Ages architecture, the ***Saint-Raymond museum*** *displays one of the country's finest collections of regional, Greek and Roman heritage. The sculptures are quite exceptional, the portrait gallery of Roman emperors is superb.*

Four à chaux,
milieu du V et VIe siècle,
Musée Saint-Raymond.

Roman oven,
Saint-Raymond museum.

Buste romain,
seconde moitié
du IIe siècle,
musée Saint-Raymond.

Roman sculpture,
Saint-Raymond museum

Remparts romains :
on peut en voir quelques vestiges, notamment au square Charles-de-Gaulle et, comme ici, dans les soubassements du théâtre de la Cité.

*Parts of the **Roman defences** can be spotted in various sites around the town: in Charles de Gaulle square for example, and in the foundations of the Labéda theatre.*

Les comtes de Toulouse

Étendu du Nord de l'Espagne au Sud-Ouest de la France, le royaume Wisigoth choisit Toulouse comme capitale pendant plus de cent ans. Abandonnée au profit de Tolède, Toulouse se retrouva par la suite sans protection. Charlemagne, pour repousser les Sarrasins venus d'Espagne, instaura une suzeraineté chargée d'en défendre les frontières. Ainsi fut fondée la dynastie des comtes de Toulouse qui dura quatre siècles. La renommée de ces comtes traversa la nuit des temps, comme Frédelon, réel fondateur de la dynastie et les comtes Raymond, brillants seigneurs qui prirent tous les risques pour leur comté, obtenant l'affection indéfectible des Toulousains. Ainsi, la croix occitane, croix des comtes de Toulouse, reste le symbole majeur de notre région.

Charlemagne pushed back the Saracens coming from Spain. To protect his kingdom from the south, he set up a lordship entrusted with defending the borders. This marked the start of four centuries of the dynasty of the Counts of Toulouse. Counts has come down to us over time, as with Frédelon, the line's true founder and the Counts who bore the name Raymond, outstanding noblemen who took extraordinary risks to serve their earldom, thus obtaining the unwavering affection of the Toulouse people. So, the official flags that fly over the Capitol and the sculptured bronze cross inlaid in the paving of the Capitole square feature the Occitan cross, the cross of the Counts of Toulouse, which remains the main symbol for our region.

Paradoxalement, peu de monuments évoquent encore l'histoire des comtes de Toulouse. **Le château Narbonnais,** leur résidence, fut détruit au XVIe siècle. Il n'en reste rien de nos jours, si ce n'est un pan de mur dans l'actuel palais de Justice, bâti sur son emplacement.

*Paradoxically, few monuments remind us the history of the Counts of Toulouse. **The Château Narbonnais**, their residence, was destroyed in the 16th century. Nothing is now left of it except the present law courts, built where the extensions to the Palace were erected from 1313 on for the needs of the Parliament.*

CASSAYET
Tourneur Tabletier

Cazes in. C.N. Cochin sc.

Départ de Raymond de S.t Gilles Comte de Toulouse pour la Croisade.

Église Saint-Pierre-des-Cuisines :
Le tombeau roman enchâssé dans sa façade est attribué par la légende au comte Guillaume IV, fondateur du prieuré.
Ce lieu reste privilégié dans les rapports entre les comtes de Toulouse et les Toulousains : ici, Raymond IV annonce son départ aux croisades, Raymond V concède aux Capitouls le droit de justice, Raymond VI confirme ce privilège et reçoit le serment de fidélité des Toulousains…

The Romanesque tomb enshrined in the facade of the ***Saint Pierre des Cuisines Priory*** *is attributed by legend to Guillaume IV who founded the Priory. The place still constitutes a privileged place marking the strong relations that existed between the lords and the Toulouse townspeople.*
Here it was that Raymond IV announced his departure for the crusades, that Raymond V conceded to the Capitouls or municipal magistrates the rights to mete out justice and Raymond VI confirmed this privilege and received the oath of loyalty from the people of Toulouse. .

R. de la Pourpointerie
R. Aguilleres
R. de la Porterie
R. du Taur
R. de St Rome
Cambis
R. des 3 Rois vieux
V
R. de la Bourse
R. des paradous
R. des Arbalestriers
6 Couteliers
Isle de Tonis
T
M
Capele Redonde
Pont Neuf
R. des Estudes
R. de Lempire
L
R. des lauriers
Place Chan
Grand Rue
Cavalerie
R. de Navars
Passage des basteaux

De son urbanisme médiéval, Toulouse a conservé de nombreuses rues et ruelles, maisons et façades, composant **un des plus grands centres historiques de France**.

Toulouse has kept many narrow streets and houses dating from its mediaeval town plan. You can take advantage of its pedestrian precincts to walk around the historic centre.

Simon de Monfort
trouva la mort en 1218,
lors du siège de Toulouse.

***Simon de Monfort**, the*
first Earl of Leicester.

Hérésie cathare et Inquisition

Au XIe siècle, le catharisme se propage en Languedoc. Il fut décrété hérésie au concile de Tours en 1163 et combattu par la seule croisade organisée en terre chrétienne. La croisade des Albigeois, menée par Simon de Monfort, incendia toute l'Occitanie et marqua la fin de l'indépendance du Comté de Toulouse. Rattachée à la couronne de France en 1271, Toulouse trouva comme compensation à sa liberté perdue l'établissement d'une université. Avec l'Inquisition, la domination du clergé s'affirma : aux Dominicains dont l'ordre est formé à Toulouse, s'ajoutèrent les Franciscains, les Augustins, les Carmes... Ainsi de nombreux couvents, colèges et églises furent bâtis dans la cité.

In the 11th century, the Cathar heresy spread throughout the Languedoc region and the Albigensian Crusade under the command of Simon de Monfort, was organised by Paris and Rome. The end of much suffering and turbulence also saw the end of Toulouse County's independence, with its attachment to the French crown in 1271. Toulouse's lost liberty was compensated by the increased power of the municipality and the establishment of a University, France's second. The Church's power too was boosted. Franciscans, Augustinians and Carmelites came to join the Dominicans, who's Order was founded here. The convents, churches and colleges remaining are now part of the city's principal monuments.

Simon Com.te de
Montfort Gen.al contre les albigois sous
Philippe Aug. mort devant Toulouse d'un coup de piere
jettée par une fem me en 1218
De la religion, deffenseur Magnanime,
Il étoit le fléau de tout ses Ennemis;
Mais quels sont tes decrets! Ô grand Dieu tu permis
Que d'une foible main, il fut Enfin Victime.

La construction de la **cathédrale Saint-Étienne,** première église du diocèse, commence en 1078. Malgré les sièges et les misères de la répression de l’hérésie cathare, Raymond VI fait construire la nef romane de la cathédrale avec, en clef de voûte, la croix des comtes de Toulouse.

---

*Seat of the Toulouse Diocese, **the cathedral Saint-Etienne** begun in 1708. In spite of various sieges and the terrible wars of repression against the Cathars, count Raymond VI built the Romanesque nave with its keystone imprint of the Occitan Cross, emblem of the Toulouse counts.*

Porte dite « Porte de l’Inquisition » de la **maison de Pierre Seilhan**, maison de fondation de l'Ordre des Prêcheurs à Toulouse 7, place du parlement.

The Door of Inquisition.

La construction de la maison mère de l'ordre des Dominicains, **l'église et l'ensemble conventuel des Jacobins**, débuta en 1230 et se poursuivit aux XIIIe et XIVe siècles. Siège de la première université de Toulouse, puis quartier d'artillerie sous le Premier Empire, l'ensemble conventuel fut réhabilité en 1974. Désormais le corps de saint Thomas d'Aquin repose dans l'église. De type gothique du midi, elle est caractérisée par une voûte de 28 m de haut, portée par 7 colonnes dont la dernière soutient la voûte tournante, avec ses 22 nervures alternativement minces et larges qui lui valent l'appellation de *palmier*.

Seat of Toulouse's first university in 1230, ***the Jacobin's church and convent*** *were completed in the 13th and 14th century. Quarters for Napoleon's Artillery, the Jacobins buildings were finally restored in 1974. Of typical southern Gothic style, the original Dominicans' mother house contains a gilded wooden casket with the relics of St Thomas Aquinas. Built entirely in the local russet-coloured bricks and tiles, the church's simple decoration is highlighted by its sheer volume. The vault is over 90 feet high, supported by seven columns, the last of which flares out into 22 ribs like a spreading palm, enhanced by red and green outlines.*

L'église Saint-Jérôme.

Le clocher de l'église du couvent des Cordeliers.

Saint-Pierre-des-Chartreux.

Le collège Mirepoix.

Précédemment nommée «Sainte-Marie l'Édifiée», **l'église de la Daurade** tire son nom de l'or de ses mosaïques (depuis disparues).
Construite à partir du Ve siècle, on retrouve ici la plus ancienne rotonde édifiée en Gaule et l'un des premiers sanctuaires d'Europe dédié à Marie, mère de dieu, représentée ici par une des très rares vierges noires.

---

*The **église de la Daurade**, previously known as Sainte-Marie l'Édifiée, takes its name from the gold used in its mosaics for which it was known as the gilded church (or* gleisa daurada *in Occitan). Building on it started in the 5th century and it has both the earliest rotunda built in Gaul and the oldest sanctuary in Europe dedicated to Mary Mother of God.*

Notre-Dame du Taur.

L'église Saint-Exupère.

L'église du Sacré-Cœur.

Mitoyenne de l'hôtel des chevaliers de Saint-Jean de Jérusalem ou Grand prieuré de l'ordre de Malte, **l'église de la Dalbade**, édifiée au XIe siècle, est de type occitano-catalan. Son clocher, le plus haut de Toulouse, s'écroula en 1926. On peut admirer le portail Renaissance, décoré au XIXe siècle par Virebent.

Adjoining the mansion house of the Hospitallers of Saint John of Jerusalem or the Knights of the Order of Malt, the ***église de la Dalbade****, which dates from the 11th century is in the Occitan-Catalan style. Its bell-tower, which rivalled that of Saint Sernin in height, collapsed in 1926. You can admire the Renaissance gate, decorated in the 19th century by Virebent.*

L'orgue
de la
cathédrale Saint-Etienne.

L'orgue de la basilique
Saint-Sernin.

Le **festival international Toulouse les Orgues** propose depuis 1996, à l'automne, une trentaine de rendez-vous musicaux.
Sur tous les orgues que lui offre un patrimoine unique en Europe, de récital en concert symphonique pour orgue et orchestre, il rend un vibrant hommage au génial facteur d'orgue romant que Cavaillé-Coll, découvert à Toulouse par Rossini.

*The **Toulouse International Church Organ Festival** offers thirty musical rendez-vous each Autumn, from the early evening apéritif concerts to symphonic concerts for organ and orchestra, using all the organs available in the City. This makes Toulouse one of the main centres of organ playing in Europe, a vibrant homage to the great romantic organ builder Cavaillé-Coll as discovered in Toulouse by Rossini.*

La basilique Saint-Sernin a été consacrée en 1096. Le pape Urbain II déposa à cette occasion la châsse contenant les reliques de l'évêque martyr.

*It is one of the biggest churches in southern Europe, and also one of the richest in relics. The **St Sernin basilica** was consecrated by Pope Urban II in 1096.*

Les chemins de Saint-Jacques-de-Compostelle

Le pèlerinage vers Saint-Jacques-de-Compostelle verra des cohortes de marcheurs traverser l'Europe. Toulouse fut l'une des étapes majeures du Languedoc pour les coquillards : ces marcheurs de Dieu ont laissé leurs empreintes dans tous les hôpitaux et ensembles conventuels qui les accueillirent. La basilique Saint-Sernin, plus vaste édifice roman de l'occident, recevait ces innombrables pèlerins, venant par la Via Tolosa. Exemple parfait de grande église de pèlerinage, la nef particulièrement vaste, est conçue pour accueillir les dévotions de milliers de fidèles.

From the 12th-14th centuries, Toulouse was a major stopping place for the multitude of pilgrims who had taken the Via Tolosa route to St James' shrine in northern Spain. Europe's most popular Middle Ages pilgrimage has left Toulouse with several hospitals and convents built to cater to the pilgrims. The biggest Romanesque monument in the West, St Sernin basilica, received thousands of the pilgrims. The white stone and russet-brick basilica is 380 ft long, with a barrel-vaulted nave 70 ft high. It is one of the biggest and most beautiful Romanesque churches in southern Europe.

La basilique Saint-Sernin, chef-d'œuvre d'architecture romane, surnommée la « merveille du midi », rappelle aux visiteurs la puissance de la foi chrétienne au Moyen Âge. Sa construction s'acheva au XIVe siècle. Restaurée en 1855 par Viollet-le-Duc et Baudot, le bâtiment a retrouvé depuis 1990 son aspect d'origine.

An architectural masterpiece, the basilica is a silent reminder of the power of the Christian faith in those times. Building on the ***Saint-Sernin Basilica*** *was completed in the 14th century. It was restored in 1855 by Viollet-le-Duc and Baudot. In 1990 the edifice was restored to its original appearance.*

Premier évêque de Toulouse, saint Saturnin appelé aussi **saint Sernin**, fut martyrisé en 250, traîné par un taureau lâché dans la ville. D'où le nom de la rue du Taur menant à la basilique construite en son hommage.

*Toulouse's first bishop was St Saturnin, also called **St Sernin**. In 250, he suffered martyrdom by being trailed through the town attached to a bull (taureau), whence the name of the street linking the central Place Capitole to St Sernin basilica, Rue du Taur.*

La **rue du Taur** avec, au premier plan, le clocher mur de l'église du Taur.

*The **rue du Taur**, with the bell-tower of the église du Taur in the foreground.*

L'**Hôtel-Dieu Saint-Jacques** : premier hôpital de Toulouse, il fut installé au bord de la Garonne, à l'extérieur de la cité, pour protéger la population des épidémies. Il accueillit nombre de pèlerins fatigués et malades.

The ***Hôtel-Dieu*** *was the town's first hospital. The dome-topped building was constructed outside the city limits of the time, to guard against the spread of epidemics brought in by the beggars and sick pilgrims.*

Les Capitouls

Au début du XIIe siècle, le comte de Toulouse gouvernait la cité par un Commun Conseil, intégrant quelques notables à son cercle habituel de nobles conseillers. Cette gestion de la municipalité connut un tel succès que les habitants exigèrent la mise en place d'une véritable république toulousaine, dirigée uniquement par des membres élus par la population. Ainsi, en 1189, l'administration de la cité fut confiée aux seigneurs du Chapitre ou Capitouls (chapitre se dit en occitan capitol). Durant leurs six cents ans de gestion, de nombreux hôtels particuliers s'enrichirent de tours capitulaires, symboles de leur fonction. La Maison Commune où ils se réunissaient, devenue le Capitole, est le siège actuel de la mairie et du théâtre.

In 1152, Count Alphonse de Jourdain set up a 'common council', integrating some of the leading citizens into his privy council, to take decisions on the day-to-day administration of the town. The people of Toulouse, Toulousains, were so taken by the experiment that they insisted on creating a Toulouse Republic, to be ruled only by the Capitouls, the elected representatives of the population.

Six centuries of Capitoul rule significantly enriched the city's heritage, like the Capitulaire Towers, or the 'common meeting house' where they met to deliberate. This latter was to become the Capitole, today's home of both the City Hall and the municipal theatre.

Médaille de l'ordre capitulaire
de la tradition toulousaine.

Medal of the confraternity
of the Capitouls.

Les Capitouls
en grande tenue,
costume de 1353.

***Capitouls** (municipal magistrates) in full dress in costumes dating from the 14th century.*

La tour de Serta,
rue des Changes.

La tour de Pins,
rue Ozenne.

La tour Maynier,
rue du Languedoc.

Rue du Lieutenant-Colonel-Pélissier.

L'hôtel de Bernuy,
rue Gambetta.

La tour de Tounier,
rue Ozenne.

Ancienne tour
des archives des
Capitouls,
le Donjon, bâtiment
du XVIe siècle, rénové
au XIXe siècle
par Viollet-le-Duc, abrite
maintenant l'office
de tourisme de Toulouse.

---

*Built in the 16th century to house the city archives, the **Donjon** was renovated by Viollet-le-Duc in the 19th century and is now the Toulouse Tourist Office.*

page ci-contre
La façade du Capitole,
XVIIIe siècle.

Opposite page
***The Capitole** 18th century facade featuring.*

CAPITOLIUM

Avec le commerce du pastel, plante tinctoriale bleue, Toulouse connaît une nouvelle fortune qui la porte aux premiers rangs des grandes places marchandes européennes. Les maîtres pastelliers peuvent alors favoriser tous les flamboiements de la Renaissance, construisent de très nombreux hôtels particuliers mais s'intéressent aussi grandement à l'art et aux plaisirs de l'esprit. Cette fabuleuse période est évoquée par l'expression « Pays de Cocagne », inspirée du procédé de transformation de la plante, séchée sous forme de coque. Un temps oublié au profit des colorants chimiques, le pastel rejaillit à nouveau en terre d'oc, et avec lui les productions textiles, décoration, beaux-arts et l'innovation cosmétique «Bleu de Toulouse®».

Terre de Pastel

The literary, artistic and scientific upsurge of the Renaissance was enhanced for Toulouse by an economic boom based on pastel or woad, a plant that gives an indelible blue dye.

The leaves were crushed and rolled into balls to dry. The balls were called coques, and the word was taken to describe the Toulouse area as the 'Land of Cockaigne', a term invented nearly three centuries earlier for a land of plenty. The merchants used their money to build sumptuous mansions (hôtels) which are among the attractions of Toulouse today.

Le pastel est une plante tinctoriale qui permet de teindre dans un bleu inimitable (au-dessus). Cocagne de pastel (au centre de la page).

Hôtel de Bernuy (page de droite) fut construit par un des grands marchands du pastel, Jean de Bernuy, à partir de 1504 et achevé en1533. Il fut donné à la ville en 1566, pour y fonder un collège de jésuites, actuel lycée Pierre-de-Fermat.

L'hôtel d'Assézat est le plus beau témoignage de cette Renaissance toulousaine. Il est le siège des académies de sciences de la ville, dont la séculaire académie des Jeux Floraux. Entièrement rénové, il accueille, depuis 1997, les collections d'art de la fondation Bemberg.

*One of the finest sumptuous mansions (hôtels) is the **Hôtel d'Assezat**, completed in 1562, which now houses the Academy of Science and the art collections of the Bemberg foundation.*

L'hôtel de Clari fut construit par Nicolas Bachelier et Antoine de Lescalle au XVIe siècle. Il présente une des très rares façades de pierre de Toulouse d'où son nom ostal de peira (hôtel de pierre). L'édification de cette façade commencée en 1611 fut achevé en 1857.

The ***Hôtel de Clari*** *town house was built by Nicolas Bachelier and Antoine de Lescalle in the 16th century. It has one of the rare stone frontages to be found in Toulouse, whence its name in Occitan ostal de peira (stone house). Building of the facade started in 1611 and was completed in 1857.*

Le **Muséum «Terre de Pastel»** propose à Toulouse un véritable centre de ressources sur 1500 m² pour découvrir tous les secrets de cette plante emblématique.

The Museum **Terre de Pastel** *proposed in Toulouse a real resource center on 1500 m2 to discover all the secrets of this emblematic plant.*

Les bords de la Garonne
d'Henri Martin,
né à Toulouse en 1860.

Banks of the Garonne
by Henri Martin, born in Toulouse in 1860

La Garonne

De sa source montagnarde espagnole, la Garonne garde toute la fougue. De ses débordements, on retiendra pour l'anecdote le fameux « Que d'eau, que d'eau ! » que les terribles inondations de 1875 inspirèrent au maréchal Mac Mahon. Depuis toujours lieu de vie et d'activités, c'est du fleuve que l'on peut admirer un des plus beaux paysages urbains de France. Berges aménagées en promenade, monuments riverains rénovés et illuminés, navettes fluviales lors de grands événements, croisières touristiques, le fleuve désormais réconcilié avec Toulouse se prête aimablement aux joutes nautiques et autres festivités.

The Garonne is said to have inherited its latin temperament from its source in the Spanish Pyrenees. Marshal McMahon's famous 'Water, water everywhere!' was inspired by his vision of the terrible floods that struck the city in 1875. The river was always the focal point of local life and activity and is still the best place from which to take in one of the finest waterfronts in France. The riverbanks are laid out as promenades and the riverside buildings have been restored and lit up. Today, shuttles cross the tamed river during major public events. The Garonne is also the scene of river jousting and other water-borne events.

La chaussée du Bazacle,
avec, en arrière-plan,
le quai Saint-Pierre et
le clocher des Jacobins.

The ***Bazacle causeway***
with the Quai Saint-Pierre quayside and the Jacobins Dominican friary belltower.

Détail d'une pile du **Pont-Neuf**, construit au XVIe et XVIIe siècle pour remplacer le pont de la Daurade.

*Detail of the **Pont-Neuf**, built in the 16th and 17th centuries to replace the pont de la Daurade.*

Vue générale du **Pont-Neuf**, et de Toulouse, depuis le pont Saint-Michel.

*Overall view of the **Pont-Neuf** and Toulouse seen from the pont Saint Michel.*

Le quai de la Daurade, ancien port de Toulouse, où bateaux restaurants et bateaux mouches ont remplacé les bateaux lavoirs du XIXe siècle et où les pêcheurs ont succédé aux chercheurs de paillettes d'or dans les sables de la Garonne.

*The **quai de la Daurade**, formerly Toulouse's riverside port. Floating restaurants and river passenger boats have replaced the wash-houses and the gold washers sifting the Garonne sands that you would have found there in the 19th century.*

Cariatides en terre cuite
de Virebent,
rue des Marchands.

Terra-cotta caryatids.

Promenades

Ville du Sud où les terrasses se déploient au moindre rayon de soleil, Toulouse se vit dans la rue.

De places en lieux de rendez-vous, les promenades sont multiples et, de boulevards en rues piétonnes, si certains lieux sont des passages obligés, beaucoup recèlent en leur façade des secrets.

Toulouse is very much a city of southern Europe and as soon as there is the slightest ray of sunshine, tables and chairs are set out in front of the cafés. People here tend to live very much outdoors in the streets. So many itineraries for walks to discover, from the squares and city landmarks where people tend to meet up to the more secret places often hidden behind the facades.

Maison des Compagnons,
rue Tripière.

Le Capitole présente une façade XVIIIe, longue de 128 m, ornée de 8 colonnes de marbre rose, et d'un fronton décoré d'allégories de la Force et de la Justice. L'aile nord est surmontée des statues de Clémence Isaure et de Pallas Athéna et l'aile sud, abritant le théâtre, des statues de la Tragédie et de la Comédie.

The Capitole *has a 420ft, 18th century facade featuring 8 rose marble columns, the pediment decorated with allegoric representations of Power and Justice. The north wing has statues of Clémence Isaure and Pallas Athéna. The south wing houses the municipal theatre, with statues of Comedy and Tragedy.*

Une plaque commémorative de l'exécution du duc de Montmorency est visible au sol de la **cour Henri IV**.

A commemorative plaque in the central courtyard marks the place where the Duke de Montmorency was executed.

Lieu incontournable de la vie toulousaine, **la place du Capitole** s'est enrichie d'œuvres de Moretti : une immense croix occitane de bronze, incrustée au centre de la place, et des tableaux racontant les grandes heures de la ville, apposés aux plafonds des arcades.

*The **place du Capitole** is a central feature of Toulouse life. It has recently been enhanced with the works of the artist Moretti, with an immense bronze Occitan cross inlaid into the centre of the square and paintings showing the great events that have marked the great city's history displayed on the ceilings of the arcades.*

La place de la Daurade.

Quai Lombard.

Place Saint-Pierre.

La rue des Changes.

Allées Jean-Jaurès.

Détail de la plus ancienne
fontaine de Toulouse,
place Saint-Étienne.

Fontaines

De tous temps les fontaines sont à Toulouse un point de rencontre privilégié : autrefois alimentées par la Garonne pour fournir l'eau nécessaire, elles rafraîchissent maintenant les terrasses de cafés installées jusque tard dans la nuit sur toutes les places de la ville. Anciennes ou contemporaines, lieux magiques de jour comme de nuit, chacune a son histoire et de leurs bruissements d'eau un visiteur attentif apprendra les secrets de la cité et verra peut-être ses souhaits exaucés…

Fountains have long been a focal point of Toulouse daily life. Until last century, they provided the water supply and were fed by the Garonne. Now they bring their splash and sparkle to the lively Café terraces, busy until late at night in most of the town's squares.

La fontaine
de la
place Olivier.

La fontaine
de la
place Salengro.

SOLDES

Goudouli, poète occitan
place Wilson.

Allégorie de l'Ariège
rejoignant la Garonne
place Lafourcade.

La fontaine
de la rue
Cantegril.

Place
de la Trinité.

Musées

Toulouse possède de nombreux musées, installés en des lieux prestigieux ou originaux : musée des Augustins, musée des Beaux-arts de la ville, musée Georges-Labit, musée Paul-Dupuy et ses extraordinaires pièces d'horlogerie, le musée du Vieux Toulouse, animé et perpétuellement enrichi par l'association des Toulousains de Toulouse, le musée de la médecine installé en l'Hôtel-Dieu Saint-Jacques, sans oublier le muséum d'Histoire naturelle, au jardin des Plantes...

La Ville consacre un nouvel espace pour l'art moderne et contemporain : les Abattoirs, sur plus de 6 000 m², proposent collection permanente et expositions temporaires. Pour découvrir les artistes, de nombreuses galeries organisent régulièrement des expositions en des lieux convenus ou plus surprenants, comme le Château d'eau, au bord de la Garonne.

The museums of Toulouse are as rich and varied as its heritage. Many of them are housed in buildings with a prestigious past or that are extremely original. The Augustins, the museum of the fine arts, Paul Dupuy Museum, the musée du Vieux Toulouse, *the Museum of Medicine housed in the Hôtel-Dieu, the City's first hospital, and so on.*

But the big event in the year 2000 is the opening of the first gallery devoted to Modern and Contemporary Art, the Abattoirs, offer more than 6,000 m2 of exhibition floor for permanent and temporary exhibitions.

Toulouse also has a large number of private art galleries where you can discover artists' work.

Muséum de Toulouse

L'originale **maison de Georges Labit** abrite les collections d'art égyptien, copte et asiatique, que cet esthète éclairé légua à sa ville.

Great originality is seen in the former ***home of the traveller and collector Georges Labit****, a treasure-house of antiques and collections of Egyptian, Coptic and Asian art the great aesthete bequeathed to his City.*

Musée des beaux-arts
de la ville, **le musée des Augustins** porte le nom
de l'ensemble conventuel,
de type gothique
méridional,
qui abrite depuis 1793
d'exceptionnelles
collections, du début
du Moyen Âge aux
premières années
du xxe siècle.
Sont particulièrement mis
à l'honneur un patrimoine
d'art roman unique
au monde et les grands
maîtres de l'âge d'or
de la peinture
toulousaine.

***The Augustins**, is of the first type. It bears the name of the southern gothic style set of monastic buildings and houses fantastic collections of paintings and sculpture from the middle Ages to the 20th century. It contains the world's biggest collection of Romanesque sculpture, as well as paintings from local artists.*

MUSÉE
DES
AUGUSTINS

Musée privé, **la fondation Bemberg** présente
une collection de tableaux, bronzes et objets d'art.
La peinture y occupe une place privilégiée, représentée par des œuvres de la Renaissance
et de l'École française moderne, dont un ensemble unique de 35 toiles de Bonnard.

***The Bemberg Foundation** is a private museum that permanently displays a collection of paintings, bronzes and objets d'art. Painting occupies pride of place, as represented by works from the Renaissance and the Modern French School, the latter being superbly represented by a unique set of 35 canvases by Bonnard.*

D'un ancien **château d'eau** surplombant la Garonne, on fit un phare de la photographie, tout à la fois musée et galerie d'exposition de renommée internationale.

*A former **water tower** (a fine building in its own right) overlooking the Garonne, has been converted into a beacon for the art of photography, acting both as a museum and an exhibition gallery for works from all around the world.*

Les Abattoirs : le nouvel espace d'art moderne et contemporain est implanté au bord de la Garonne, sur un ancien site industriel du XIXe auquel il doit son nom.

***The Abattoirs**, the first gallery devoted to Modern and Contemporary, is located alongside the Garonne, on a fully renovated industrial site dating from the 19th century.*

Tout à la fois vitrine technologique et lieu d'exception, pour découvrir et comprendre l'importance de la recherche spatiale dans notre vie de tous les jours, **la Cité de l'espace** propose plus de 200 éléments d'exposition : fusée Ariane 5 grandeur nature sur son pas de tir, unique réplique accessible au public de la station Mir, manipulation de véritables antennes de réception, étude des images satellitaires, planétarium, Terr@dome…

The ***Cité de l'espace*** *(Space City) is both a shop-window of space technology and a unique attraction for all who want to know more about the role played by the space industry in our everyday lives with the Ariane V launch rocket on its launch pad, the only replica in the world of the Mir space station, handling real satellite reception antennae, See how satellite images give us a better understanding of our planet, planetarium, Terr@dome and so on.*

Le jardin Royal.

Les jardins

Une ville construite à la campagne, cette douce utopie a peut-être trouvé sa concrétisation à Toulouse : dix arbres sont plantés chaque jour et depuis plus de vingt ans, la ville n'a de cesse d'enrichir son patrimoine en espaces verts. Ainsi, plus de mille hectares s'offrent aux promenades insouciantes, des grands jardins du XVIIIe siècle, reliés entre eux par des ponts de verdures, au récent jardin Compans-Caffarelli avec son surprenant jardin japonais...

A town in the country?

Just a few minutes drive from the vast expanses of some of France's most inviting and varied countryside, Toulouse itself grows greener with the years: the equivalent of ten trees have been planted everyday for the last 20 years. The town invests significantly in developing its greenspace, public parks and walks. From the 18th century French gardens to the award-winning Japanese garden laid out in Compans-Caffarelli, over 2,500 acres are open to the public.

Le jardin des Plantes.

Le grand jet d'eau du **jardin du Grand-Rond**.

*The fountain in the **Grand-Rond garden**.*

Grand-Rond garden.

Passerelle reliant les trois grands jardins : jardin des Plantes, jardin Royal
et
Grand-Rond.

Bridge *linking the three large parks and botanical gardens,*
the jardin des Plantes,
the jardin Royal *and the Grand-Rond.*

Kiosque à musique
du **jardin du Grand-Rond**.

Bandstand

La prairie des Filtres, berges de la Garonne aménagées en jardin.

The landscaped banks of the Garonne on the ***prairie des Filtres park****.*

Ci-contre et page de droite : fontaine et jardin japonais du **jardin de Compans**.

Opposite and right-hand page: *fountain and Japanese style garden in the* ***jardin de Compans****.*

Le square Raymond VI, nouvelle promenade au pied des remparts, entre la Garonne et le centre d'art moderne et contemporain.

A new walk below the ramparts, between the Garonne River and the Modern and Contemporary Arts Centre.

Spectacles

Depuis toujours Toulouse a aimé le chant, la danse et le théâtre. Attenante à une auberge, la première salle de spectacle, le Logis de l'écu, accueillit des acteurs et visiteurs illustres comme Molière en 1645 et Louis XIV en 1659. Sur cet emplacement, les Capitouls édifièrent en 1736 le premier théâtre de la ville. Mais ce qui rendit célèbre le théâtre du Capitole, c'était l'amour parfois immodéré des Toulousains pour le Bel canto : sifflets et tomates n'étaient pas rares pour saluer les artistes qui déplaisaient à la salle.

Si de nos jours le public s'est assagi, il reste toujours passionné, amateur éclairé du concours international de chant et spectateur assidu de toutes les représentations au Capitole ou à la Halle-aux-Grains. Véritable capitale culturelle, Toulouse propose tous les soirs de nombreux spectacles.

Toulouse has always been a place of song, dance and theatre. The Logis de l'écu, *the first recorded real theatre was an outbuilding to a hostelry that welcomed actors and famous visitors like Molière in 1645 and Louis XIV in 1659. Later, the Capitouls used the same location to build the new theatre, in 1736. But what really made the* théâtre du Capitole *famous was the sometimes excessive enthusiasm of the Toulouse citizens for Bel Canto operatic singing. Whistling or even rotten tomatoes could greet performances considered to be second-rate by the public.*

But since then the public has calmed down, although finding a seat for concerts at the Capitole or the Halle-aux-Grains concert hall remains a difficult matter. The musical tradition is assured of a bright future with the conservatoire de Musique.

La Halle-aux-Grains est devenue une salle de concert incontournable, trouvant là une plaisante reconversion à son ancienne activité. Son acoustique parfaite en fait le fief de l'Orchestre national symphonique sous la houlette de Tugan Sokhiev, ainsi que de l'excellent Orchestre national de chambre crée par Louis Auriacombe.

The Halle-aux-Grains *(the old Corn Exchange), with its perfect acoustics, has become home to the Toulouse National Symphony Orchestra conducted by Tugan Sokhiev. In addition, there is the excellent National Chamber Orchestra created by Louis Auriacombe.*

Pour répondre à l'engouement grandissant des toulousains pour l'art dramatique, **le théâtre de la Cité** a ouvert ses portes en 1998, au cœur de la ville,
sur l'emplacement de l'ancien conservatoire de musique.

---

*For the Toulouse population's increasing enthusiasm for drama, the **théâtre de la Cité** has just opened, built right in the City Centre,*
on the site of the former music conservatory.

Ville de musique et de festivals qui accueille toutes les cultures, Toulouse égrène tout au long de l'année mille rencontres et concerts.

Toulouse really is a major site for music and festivals. It welcomes all cultures and hosts hundreds of events and concerts over the year.

Toulouse a maintenant,
pour parfaire ses équipements,
la **médiathèque José cabanis,**
en haut des allées Jean-Jaurès

Toulouse now has a new médiathèque.

Ravagé par deux incendies
et reconstruit plusieurs fois,
le théâtre du Capitole
retrouva le style baroque de
sa salle de spectacle en 1997.

*Rebuilt on different occasions the **théâtre du Capitole** recovering its classical baroque style in 1997.*

Le canal du Midi
Patrimoine mondial
de l'Unesco
vu du pont
des Demoiselles.

The ***canal du Midi***
seen from the pont des
Demoiselles.

Le canal du Midi

Plus de 15 ans de travaux ont été nécessaires à Pierre-Paul Riquet pour creuser un canal de 240 km, reliant la Garonne à la Méditerranée. Cette voie commerciale, complétée au XIXe siècle par le canal Latéral la reliant à l'Atlantique, fut inaugurée en 1681 et verra jusqu'à 1 600 bateaux transiter quotidiennement par Toulouse.

De nos jours, le trafic commercial a laissé la place à la navigation de plaisance et les chemins de halage magnifiquement ombragés sont devenus un des lieux privilégiés des sportifs et des promeneurs. Ce chef-d'œuvre est désormais classé par l'Unesco au patrimoine mondial de l'humanité.

Engineering genius Pierre-Paul Riquet built the 150-mile canal linking the Garonne to the Mediterranean in just 15 years. Opened in 1681, it was enhanced in the 19th century by the Lateral Canal running West to the Atlantic.

Up to 1,600 merchant boats a day went through Toulouse, until the arrival of rail transport killed the business.

Pleasure boats cruise here today and the tree-shaded tow paths are favourite promenades for strollers and joggers alike. A statue of Pierre-Paul Riquet now stands by the sleepy waters of the canal at the top of the Allées Jean-Jaurès.

MARGOUILLAT
1750 BX

Le canal du Midi.

La statue de Pierre-Paul Riquet,
allées Jean-Jaurès.

A statue of Pierre-Paul Riquet
at the top of the Allées Jean-Jaurès.

Le port de l'Embouchure,
où se rejoignent le canal du Midi,
le canal de Brienne et le canal Latéral.

Le canal de Brienne.

L'École nationale de la météorologie.

Deuxième ville universitaire après Paris, Toulouse compte près de 110 000 étudiants français et étrangers répartis dans les quatre pôles universitaires et les grandes écoles.

The city now contains four universities, sixteen institutes ans over 360 associated laboratories, delivring all national degrees and 35 further diplomas.

Enseignement et recherche

Conséquence du renouveau urbain qui marquera l'Europe occidentale au bas Moyen Âge, l'université de Toulouse est créée au XIIIe siècle, juste après la Sorbonne. Dans la logique de son engagement pour la renaissance du droit romain, elle privilégiera un enseignement des disciplines appliquées, déjà très lié à l'activité économique, et qui s'avérera décisif lors de la création des grandes écoles aux XIXe et XXe siècles. La recherche toulousaine, notamment pour l'ingénierie et le génie des procédés, positionne la région Midi-Pyrénées au deuxième rang national.

Founded in 1229 with the Treay of Paris, the real birth of the university of Toulouse, occurred in 13th century. Toulouse broke the monopoly of Paris, and joigned Bologna, Naples, Oxford and Cambridge as the sixth university in Europe. Toulouse's research sector, leads the way in France particularly for engineering sciences and engineering processes, and makes Midi-Pyrénées the second region in France.

L'école supérieure de Commerce.

Économie

Toulouse connaît un des taux de croissance économique les plus élevés de France. Des noms tels que Caravelle, Concorde, Airbus et ATR illustrent la vocation aéronautique de la ville, siège du deuxième centre mondial d'étude et de production d'avions civils. Le pôle spatial de Toulouse est né avec l'implantation de l'Agence spatiale française. Après avoir favorisé le boom de l'informatique industrielle, il dynamise des secteurs clés comme la médecine spatiale et la robotique et le développement d'une activité industrielle d'intégration de satellites. Météo France siège à Toulouse et regroupe de nombreux services dont le Service central d'exploitation de la météorologie, le Centre national de recherches météorologiques et l'École nationale. D'autres secteurs complètent le tissu économique tels la santé, l'électronique, les technologies de l'information...

Toulouse has one of the highest rate of economic growth. Name like Caravelle, Concorde, Airbus and ATR illustrate the aeronautical vocation of the Touloue area, second centre area, second centre of aircraft design and production in the world. The city's space center, the most complete in Europe, after stimulating the industrial computing boom, today excels at earth obervation while energizing key ector such as robotic or space medecine and indutrial satellite integration. The national weather center, Météo France, is a complex where the major organisations in French meteorological operation and research are intalled. Other sectors like health, information technology, electronics complete the region's economic fabric.

Unique en Europe et référence à l'échelle mondiale, le pôle spatial s'organise autour du **CNES** (Centre national d'études spatiales), implanté à Toulouse depuis 1968.

Three-quarters of the French Space Centre's staff work in facilites at Toulouse. The ***Centre national d'études spatiales*** *(CNES) develops complete space programmes.*

cnes

EDF le Bazacle

Tourisme industriel

Les usines hydroélectriques ouvrent leurs portes, l'usine Clément Ader, hangar de la chaîne de montage d'Airbus, a prévu dès sa construction des passerelles de visite, la Dépêche du Midi dévoile ses rotatives... L'industrie change de visage dans la passion qu'elle met à expliquer ses process de fabrication.

Si Toulouse ne s'est pas trompée quant à l'importance de l'économie dans le tourisme, elle sait aussi insuffler une nouvelle vie à ses anciens bâtiments industriels, telle la manufacture des tabacs devenue université, le théâtre Garonne installé dans une ancienne usine hydroélectrique...

The City's hydroelectric power stations opening to the public, the Clément Ader aeronautical works, the hangar for the Airbus assembly line (which was designed with overhead walkways for visits to be conducted), the Dépêche du Midi *showing its printing press in operation, and so on. Industry is putting on a new face and this can be seen in the enthusiasm that goes into explaining its production processes. Toulouse got it right in stressing the importance of the economy when it comes to tourism. Precursor in France for this new tourist engineering. It has also given a new lease of life to the industrial buildings of the 19th century, like the former abattoirs built by Urbain Vitry that have now been transformed to become the Modern and Contemporary Art Centre.*

Carrefour international de la recherche et de l'enseignement, Toulouse est depuis longtemps une des plus importantes villes européennes de salons, congrès et colloques scientifiques.
Cette activité se développe d'années en années et induit la mise en place de structures d'accueil aux capacités de plus en plus importantes comme **le centre de congrès Pierre-Baudis** et le parc des Expositions de Toulouse.

Toulouse, now a major research centre, has for long been one of the major European cities for trade fairs, scientific congresses and symposia. This activity continues to develop year by year and has led to setting up structures to host events with ever greater capacity like the ***centre de congrès Pierre-Baudis*** *and the* parc des Expositions de Toulouse.

Le stadium, récemment réaménagé, a accueillit la Coupe du Monde de football 1998 et la Coupe du monde du Rugby en 2007

***The Toulouse Stadium**, built in 1949 and recently renovated, was used in 1998 for the Soccer World Cup in 1998 end the Rugby World Cup in 2007.*

Sport en ovalie

Antoine Blondin le décrivait ainsi : « Ici, les grands sautent, les petits s'infiltrent, les gros enfoncent, les légers s'échappent... » Sport emblématique en terre occitane, le rugby fait battre depuis toujours le cœur des Toulousains. Les jours de matchs décisifs, la ville se pare de rouge et noir pour supporter les couleurs du Stade toulousain. Plus qu'un sport, c'est une culture. Toulouse ne néglige pas pour autant les autres disciplines et s'enorgueillit d'excellentes équipes de basket, de handball, auxquelles le palais des Sports est entièrement consacré.

The writer Antoine Blondin described Toulouse as follows 'Here, the tall ones jump, the little ones burrow their way through, the heavier players drive in and the slightly built weave their way out...'. Toulouse's favourite sport, rugby, keeps the City in state of excitement and it regularly decks itself out in red and black, the colours of its famous club, the Stade toulousain. *Indeed, in 1999, Toulouse will host several Rugby World Cup matches. But Toulouse also welcomes the tennis Grand Prix and volleyball and squash world championships.*

Du Manoir, Championnat de France, Coupe d'Europe, tout réussit au **Stade toulousain**, fameuse équipe de rugby à XV et chaque victoire déchaîne de véritables liesses populaires dans toute la ville.

Toulouse's favourite sport, rugby, keeps the City in state of excitement and it regularly decks itself out in red and black, the colours of its famous club, the ***Stade toulousain****, winners many times of the Bouclier de Brénus championship trophy.*

Gastronomie et souvenirs

Quel meilleur moyen de connaître une ville et les habitudes de ses habitants que de déambuler dans les marchés qui fleurissent dans tous les quartiers. Chacun a ses étals et ses chalands attitrés. La place du Capitole se couvre tous les mercredis de parasols bariolés. Des marchés couverts de la ville, seul celui de Saint-Cyprien, aux anciennes portes de Toulouse, a conservé sa halle du début du siècle. Place Victor-Hugo, le plus grand marché de la ville ajoute au charme de ses loges traditionnelles le pittoresque de ses restaurants en mezzanine. Autour de l'église Saint-Aubin se tient chaque dimanche le marché paysan où poules, canards et pigeons caquettent au milieu des bouquets de fleurs des champs. Mais en matière de primeurs, rien n'égale le marché Cristal, éblouissant de couleurs et de parfums, qui envahit le boulevard de Strasbourg tous les matins.

What better way to get to know a city and the ways of its inhabitants than to wander through the open markets that flourish in every neighbourhood. Everyone has his or her own favourite stall and regular supplier. On Wednesdays, the place du Capitole *is covered with striped awnings. Of the City's covered markets, only the one at Saint-Cyprien, at the former Gates of Toulouse, has kept the hall it was in at the beginning of the century. Victor-Hugo, the biggest market, has an added picturesque touch with its row of restaurants on the mezzanine floor where you can taste all the regional produce available. On Sundays, the Saint-Aubin Church tower is surrounded by the small farmer's market where you will find hens, ducks and pigeons clucking, quacking and crooning among the flowers on sale. But when it comes to fresh fruit and vegetables, the Cristal market remains unrivalled for its stunning colours and pleasant smells that invade the bou*levard de Strasbourg.

A découvrir, à collectionner ou à déguster, Toulouse offre plusieurs spécialités dont une des plus célèbres, la violette. Petite fleur d'hiver, emblème de Toulouse, la violette se décline de mille façons : bouquets de fleurs fraîches, bonbons cristallisés, parfums, liqueurs et poupées souvenir. Créée par la maison d'Horphin, la poupée La Marchande de violettes est inspirée du costume de la grisette toulousaine, jeune fille des faubourgs. De satin ou de semis de violette habillée, de dentelle parée et de paille chapeautée c'est une ravissante petite ambassadrice de la ville.

Vous n'aurez que l'embarras du choix pour les souvenirs gastronomiques : traditionnel gâteau du Fenêtra, cassoulet, confits et foies gras, vins régionaux et Armagnacs...

Depuis 1950, **Les Poupées d'Horphin La Marchande de Violettes®** déploit une gamme ravissante de créations originales qui portent la mémoire de la fleur emblématique de Toulouse.

Since 1950, **Les Poupées d'Horphin La Marchande de Violettes®** *offers a delightful range of original creations that bear the memory of the flower emblematic of Toulouse.*

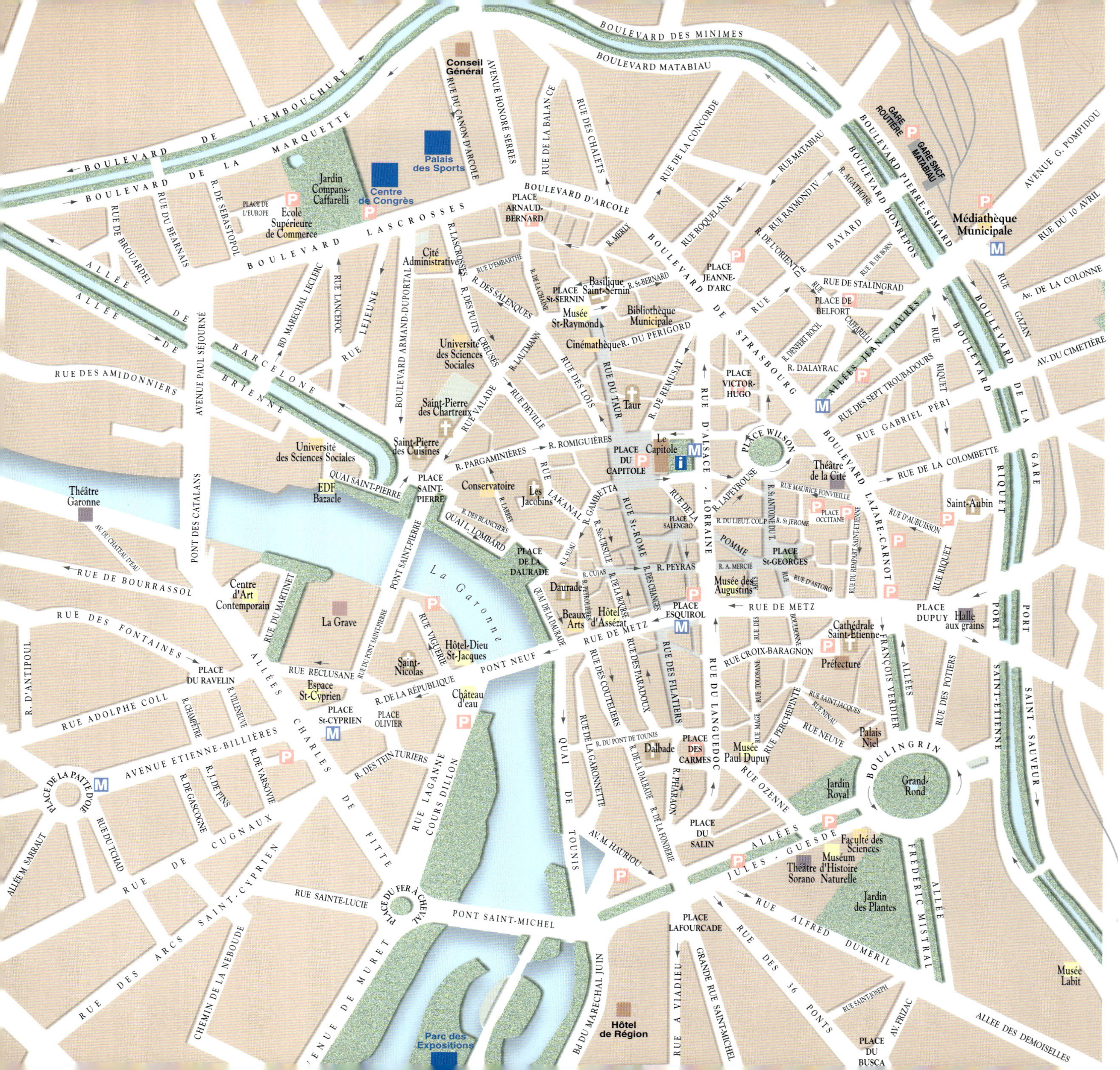

BOULEVARD DES MINIMES
BOULEVARD MATABIAU
BOULEVARD DE L'EMBOUCHURE
BOULEVARD DE LA MARQUETTE
Conseil Général
AVENUE HONORÉ SERRES
RUE DU CANON D'ARCOLE
RUE DE LA BALANCE
RUE DES CHALETS
RUE DE LA CONCORDE
RUE MATABIAU
GARE ROUTIÈRE
GARE SNCF MATABIAU
BOULEVARD PIERRE-SÉMARD
BOULEVARD BONREPOS
AVENUE G. POMPIDOU
Palais des Sports
Centre de Congrès
Jardin Compans-Caffarelli
PLACE DE L'EUROPE
Ecole Supérieure de Commerce
R. DE SEBASTOPOL
RUE DU BEARNAIS
RUE DE BROUARDEL
BOULEVARD LASCROSSES
BOULEVARD D'ARCOLE
PLACE ARNAUD-BERNARD
R. MERLY
RUE ROQUELAINE
RUE RAYMOND IV
R. AGATHOISE
Médiathèque Municipale
RUE DU 10 AVRIL
BAYARD
R. DE L'ORIENT
PLACE JEANNE-D'ARC
RUE DE STALINGRAD
PLACE DE BELFORT
R. DE BORN
Av. DE LA COLONNE
GAZAN
AV. DU CIMETIÈRE
ALLÉE DE BARCELONE
ALLÉE DE BRIENNE
BD MARÉCHAL LECLERC
RUE LANCEFOC
RUE LEJEUNE
Cité Administrative
R. LASCROSSES
RUE D'EMBARTHE
R. DES SALENQUES
R. DE LA CHAÎNE
PLACE St-SERNIN
Basilique Saint-Sernin
R. St-BERNARD
Musée St-Raymond
Bibliothèque Municipale
BOULEVARD DE STRASBOURG
R. DENFERT ROCH.
CAFFARELLI
R. DALAYRAC
ALLÉES JEAN-JAURÈS
RUE DES SEPT TROUBADOURS
RIQUET
RUE DES AMIDONNIERS
AVENUE PAUL SÉJOURNÉ
BOULEVARD ARMAND-DUPORTAL
Université des Sciences Sociales
R. DES PUITS CREUSÉS
R. LAUTMANN
Cinémathèque
R. DU PERIGORD
RUE DES LOIS
RUE DU TAUR
Taur
R. DE REMUSAT
RUE D'ALSACE-LORRAINE
PLACE VICTOR-HUGO
PLACE WILSON
RUE GABRIEL PÉRI
BOULEVARD DE LA GARE
Saint-Pierre des Chartreux
RUE VALADE
RUE DEVILLE
Saint-Pierre des Cuisines
Université des Sciences Sociales
R. PARGAMINIÈRES
R. ROMIGUIÈRES
PLACE DU CAPITOLE
Le Capitole
Théâtre de la Cité
BOULEVARD LAZARE-CARNOT
RUE DE LA COLOMBETTE
Théâtre Garonne
EDF Bazacle
QUAI SAINT-PIERRE
PLACE SAINT-PIERRE
Conservatoire
Les Jacobins
RUE LAKANAL
R. GAMBETTA
RUE St-ROME
RUE DE LA POMME
R. LAPEYROUSE
RUE MAURICE FONVIEILLE
R. S. ANTOINE DU T.
PLACE OCCITANE
Saint-Aubin
RUE D'AUBUISSON
AV. DU CHÂTEAU D'EAU
R. DES BLANCHERS
R. LARREY
QUAI L. LOMBARD
PLACE SALENGRO
R. DU LIEUT. COL. P.
R. St JEROME
POMME
PLACE St-GEORGES
R. A. MERCIÉ
RUE DU REMPART SAINT-ÉTIENNE
RUE RIQUET
RUE DE BOURRASSOL
PONT DES CATALANS
PONT SAINT-PIERRE
La Garonne
PLACE DE LA DAURADE
R. J. SUAU
R. CUJAS
R. Ste-URSULE
R. PEYRAS
R. DES CHANGES
Musée des Augustins
RUE D'ASTORG
Centre d'Art Contemporain
RUE DU MARTINET
La Grave
Daurade
QUAI DE LA DAURADE
Beaux Arts
Hôtel d'Assézat
R. DE LA BOURSE
PLACE ESQUIROL
RUE DE METZ
PLACE DUPUY
Halle aux grains
PORT SAINT-ÉTIENNE
RUE DES FONTAINES
RUE DU PONT SAINT-PIERRE
RUE VIGUERIE
Hôtel-Dieu St-Jacques
PONT NEUF
RUE DES PARADOUX
RUE DES FILATIERS
Cathédrale Saint-Étienne
RUE CROIX-BARAGNON
Préfecture
BOULBONNE
RUE DES ARTS
ALLÉES FRANÇOIS VERDIER
R. D'ANTIPOUL
PLACE DU RAVELIN
ALLÉES CHARLES DE FITTE
RUE RECLUSANE
Saint-Nicolas
Espace St-Cyprien
R. DE LA RÉPUBLIQUE
Château d'eau
RUE DES COUTELIERS
RUE DU LANGUEDOC
RUE TOLOSANE
RUE PERCHEPINTE
RUE SAINT-JACQUES
RUE NINAU
RUE DES POTIERS
RUE ADOLPHE COLL
R. VILLENEUVE
R. CHAMPÊTRE
PLACE St-CYPRIEN
PLACE OLIVIER
RUE MAGE
RUE NEUVE
Palais Niel
BOULINGRIN
AVENUE ETIENNE-BILLIÈRES
R. DE VARSOVIE
R. DES TEINTURIERS
QUAI DE TOUNIS
RUE DE LA GARONNETTE
R. DU PONT DE TOUNIS
Dalbade
R. DE LA DALBADE
PLACE DES CARMES
Musée Paul Dupuy
RUE OZENNE
Grand-Rond
PLACE DE LA PATTE D'OIE
R. J. DE VINS
R. DE GASCOGNE
RUE DU TCHAD
RUE DE CUGNAUX
RUE LAGANNE
COURS DILLON
R. PHARAON
R. DE LA FONDERIE
Jardin Royal
AV. M. HAURIOU
PLACE DU SALIN
ALLÉES JULES-GUESDE
Faculté des Sciences
Théâtre Sorano
Muséum d'Histoire Naturelle
ALLÉES FRÉDÉRIC MISTRAL
ALLÉE SAINT-SAUVEUR
ALLÉEM SARRAUT
RUE SAINT-CYPRIEN
RUE SAINTE-LUCIE
PLACE DU FER À CHEVAL
PONT SAINT-MICHEL
PLACE LAFOURCADE
RUE ALFRED DUMERIL
Jardin des Plantes
Musée Labit
RUE DES ARCS
CHEMIN DE LA NEBOUDE
AVENUE DE MURET
Parc des Expositions
Bd DU MARÉCHAL JUIN
Hôtel de Région
RUE A. VIADIEU
GRANDE RUE SAINT-MICHEL
RUE DES 36 PONTS
RUE SAINT-JOSEPH
RUE FRIZAC
PLACE DU BUSCA
ALLÉE DES DEMOISELLES

Théâtre

Théâtre du Capitole
Place du Capitole
Tél. : 05 61 63 13 13
Opéra, opéra comique, opérette

TNT Théâtre de la Cité
1, rue Pierre-Baudis
Tél. : 05 34 45 05 05
Théâtre, musique, danse

Halle-aux-Grains
Place Dupuy
Tél. : 05 61 63 13 13
Musique, opéra, danse

Théâtre Garonne
1, avenue du Château d'eau
Tél. : 05 62 48 56 56

Odyssud
4, avenue du Parc - Blagnac
Tél. : 05 61 71 75 15
Théâtre, musique, danse

Zénith
Avenue Raymond-Badiou
Tél. : 05 62 74 49 49
Spectacles et manifestations sportives

Cinémathèque
69, rue du Taur
Tél. : 05 62 30 30 10
Projections, documentation

Musées

L'entrée des musées de la Ville de Toulouse est gratuite le premier dimanche du mois.

NOUVEAU
Muséum du Pastel
629 rue Max Planck - Labège
Tél. : 05 62 88 36 79
Fermé le dimanche
Entrée payante
terredepastel.com
L'expérience inédite : découverte et expérimentation de tout l'univers du Pastel, l'or bleu de Toulouse.

NOUVEAU
Aeroscopia
aeroscopia-blagnac.fr
eroscopia sera un parcours de découverte aéronautique comprenant des expositions sur les sciences et techniques aéronautiques.

Musée des Augustins
21, rue de Metz - Toulouse
Tél. : 05 61 22 21 82
Fermé le mardi
Entrée payante
Musée des Beaux-Arts de Toulouse

Muséum de Toulouse
35 allées J. Guesde - Toulouse
Tél. : 05 67 73 84 84
Fermé le lundi •
Entrée payante

Musée Georges-Labit
17, rue du Japon - Toulouse
Tél. : 05 61 14 65 50
Fermé le mardi
Entrée payante
Musée des arts asiatiques et des antiquités égyptiennes

Musée de la Médecine
Hôtel-Dieu S-Jacques - Toulouse
Tél. : 05 61 77 84 25
Fermé le mardi
Entrée payante
Histoire de la médecine

Musée Paul-Dupuy
13, rue de la Pleau - Toulouse
Tél. : 05 61 14 65 50
Fermé le mardi
Entrée payante
Musée des arts graphiques et des arts décoratifs

Musée de la Résistance et de la Déportation
52, allée des Demoiselles - Tse
Tél. : 05 61 14 80 40
Fermé week-end •
Entrée gratuite

Musée St-Raymond
Place Saint-Sernin
Tél. : 05 61 22 31 44
Fermé le mardi
Entrée payanteg
Musée des antiques de Toulouse

Musée du Vieux Toulouse
7, rue du May - Toulouse
Tél. : 05 62 27 11 50
Fermé le dimanche
Entrée payante
Histoire documentaire de Toulouse

EDF Bazacle
11, quai St-Pierre - Toulouse
Tél. : 05 62 30 16 00
Entrée gratuite
Exposition, visite de l'usine, passe à poissons

Galerie Municipale du Chateau d'Eau
1, place Laganne - Toulouse
Tél. : 05 61 77 09 40
Fermé le mardi
Entrée payante
Galerie de Photographie (collection, expositions)

Fondation Bemberg
place d'Assézat - Toulouse
Tél. : 05 61 12 06 89
Fermé le lundi
Entrée payante
Peinture de la Renaissance, Ecole française moderne, objets d'arts

Cité de l'espace
Avenue Jean-Gonord
Tél. : 05 62 71 48 71
Fermé le lundi
Entrée payante

Les Abattoirs
76, allées Charles-de-Fitte
Tél. : 05 62 48 58 00
Fermé le lundi
Entrée payante
Espace d'art moderne et contemporain

Informations touristiques

Comité régional du Tourisme Midi-Pyrénées
54, bd de l'embouchure
31000 Toulouse
Tél. : 05 61 13 55 55

Comité départemental du Tourisme Haute-Garonne
14, rue Bayard
31000 Toulouse
Tél. : 05 61 99 44 00

So Toulouse Office de Tourisme de Toulouse
Donjon du Capitole
square du Général-de-Gaulle
Tél. : 05 61 11 02 22